o pequeno **filósofo**

GABRIEL CHALITA

o pequeno **filósofo**

Ilustrações **Simone Matias**

editora scipione

Copyright do texto © Gabriel Chalita, 2020

Presidência Mario Ghio Júnior
Direção de Operações Alvaro Claudino dos Santos Junior
Direção Editorial Daniela Lima Villela Segura
Gerência de Negócios e Editorial Carolina Tresolavy
Gerência Editorial Fabio Weintraub
Edição Andreia Pereira
Planejamento e Controle de Produção Flávio Matuguma, Juliana Batista e Juliana Gonçalves
Projeto Gráfico e Diagramação Nathalia Laia
Revisão Kátia Scaff Marques (coord.), Brenda T. M. Morais, Claudia Virgilio, Daniela Lima, Malvina Tomáz e Ricardo Miyake
Projeto de Trabalho Interdisciplinar Silvia Oberg

Dados Internacionais de Catalogação na Publicação (CIP)

Chalita, Gabriel Benedito Issaac, 1969-
O pequeno filósofo / Gabriel Chalita ; ilustrações de Simone Matias. – 1. ed. – São Paulo : Scipione, 2020.
80 p. : il., color.

ISBN: 978-85-4740-396-6

1. Literatura infantojuvenil I. Título II. Matias, Simone

20-1791   CDD 028.5

Angélica Ilacqua CRB-8/7057

CL 525040
CAE 728144

2020
1ª edição
1ª impressão
Impressão e acabamento: A.R. Fernandez

editora scipione
Direitos desta edição cedidos à Somos Sistemas de Ensino S.A.
Av. Paulista, 901 – Bela Vista – São Paulo – SP – CEP 01310-200
Tel.: (0xx11) 4003-3061
Conheça o nosso portal de literatura
Coletivo Leitor: www.coletivoleitor.com.br

SUMÁRIO

capítulo 1 7
capítulo 2 11
capítulo 3 16
capítulo 4 24
capítulo 5 27
capítulo 6 35
capítulo 7 39
capítulo 8 42
capítulo 9 50
capítulo 10 56
capítulo 11 64
capítulo 12 69
capítulo 13 77

1

Era uma espécie de trem, eu acho. Não me lembro muito bem. Lembro-me de que ainda não passou. Foi tudo tão rápido. Demorou. Ficou.

Minha memória afetiva traz lembranças de trem e de estação. Eu morava em uma pequena cidade do interior. Ininterruptamente, via o trem que chegava e o trem que partia. Ouvia o barulho. Quando nada tinha para fazer, e quase sempre nada tinha para fazer, ficava olhando as pessoas que chegavam e os seus abraços prolongados. E via os mesmos abraços nas despedidas. A diferença estava no depois. Na chegada, os abraços continuavam no caminhar acompanhado. Nas despedidas, o vazio fazia companhia a quem ficava. Quem partia, eu não podia ver. O trem fazia o seu papel. Apenas a fumaça e algum barulho que, pouco a pouco, iam diminuindo. Na partida, os abraços sabiam que o tempo não se curvaria. Na chegada, a novidade vinha também com o tempo. O tempo, os abraços, a chegada, a partida, o trem e eu. E tudo voltava a ser silêncio na estação.

o pequeno **filósofo** 7

Bem perto, havia um rio. Ali, naquele rio, alguns meninos desafiavam as águas e mergulhavam. Eu não gostava da algazarra. Preferia o rio sem ninguém. O movimento era apenas dele. Não havia invasões. O rio era imenso e não parava nunca. Sabia para onde deveria ir. Nada de pausas nem interrupções. Nem chegadas nem partidas. O que se passava sob as águas do rio eu não sabia. Nem se mergulhasse poderia saber. Na fundura daquelas águas, a minha pouca idade preferia ficar à margem. O tempo, talvez, me fizesse chegar a outro lugar. Talvez não.

Na ponte, protegida do rio, charretes iam de um lado a outro. E algumas bicicletas e alguns passantes. Tudo vagaroso. Histórias encontravam-se. Alguns se reconheciam e paravam para uma prosa; outros apenas acenavam. Era bom de ver.

Ao longe, no alto da montanha, uma igreja. Os sinos tocavam nas horas certas. Três vezes ao dia. Logo ao amanhecer, ao meio-dia e ao entardecer. E, depois, na pequena cidade, só o silêncio. O rio, à noite, era diferente. Eu não gostava de olhar. E, à noite, não havia trem. A estação ficava fechada, e nada de abraços. Quando alguém morria, os sinos também tocavam. As badaladas eram diferentes. Em dias de enterro, também havia abraços.

Assim eu passava os dias.

Ele falava muito das tais estações. No começo, eu achava que eram as estações do ano. Não que não fossem. Ele falava sobre o frio e o calor, falava sobre os ventos e o florir. Aliás, ele falava tanto e tão bonito! Era um filósofo. Um pequeno filósofo. Gostava das perguntas e prestava atenção às respostas. Sabedoria talvez seja a palavra. No início, não me dei conta. Ingenuidade me parece perda de tempo. Mas ele não era ingênuo. Ou era? É difícil explicar. Seu modo de ser espontâneo tinha profundidade. Falava de coisas que só sonhando para me lembrar.

2

Recordo-me de um dos nossos primeiros diálogos.

— Por que você não deu um sorriso quando ela brincou com você? — ele me perguntou.

— Está falando comigo?

— Só estamos nós dois aqui.

— Eu não prestei muita atenção. Não percebi que era uma brincadeira.

— Você não prestou atenção.

— Foi o que eu disse. Eu não prestei atenção que era uma brincadeira.

— Você não prestou atenção.

— Engoliu o disco?

— Não. Nem vi.

— É uma maneira de dizer.

— O quê?

— Uma maneira de dizer que você está se repetindo.

— E há algum mal nisso?

— Há.

o pequeno **filósofo** 11

— Há tanta coisa que se repete e é tão bonita.
— Como o quê?
— Você não sabe?
— Não.
— Viu como o dia está hoje?
— Vi.
— Não. Você não viu.
— Bem. Então, estou vendo agora.
— Já passou.
— O quê?
— Aquele instante.
— Qual instante?
— Aquele em que eu te perguntei se tinha visto como o dia estava bonito.
— Sim. Mas há outro instante agora. E depois haverá outro.
— Você tem razão. Mas aquele já foi. Que pena! Foi tão bonito!
— Bem, eu nem sei o que dizer.
— Ela talvez não brinque mais com você. E, se brincar, será diferente.
— Eu já disse que não tinha prestado atenção.
— Eu ouvi. E quanto ao sorriso?
— Que sorriso?
— Você não sabe o que é um sorriso?
— É evidente que eu sei. É que é preciso motivo, razão para sorrir.
— Por quê?
— Por que o quê?
— Por que é preciso motivo, razão para sorrir?
— Porque senão o sorriso fica bobo.
— Eu gosto de sorriso. Gosto muito.

— Você gosta de sorriso bobo? Eu não gosto.
— Eu sei.
— Você sabe?
— Sei. Eu presto atenção.
— Eu também.
— Você não prestou atenção na brincadeira que ela fez.
— Bem, isso foi só uma vez.
— Não prestou atenção em como o dia está bonito.
— Bem, depois eu vi.
— Não prestou atenção em mim.
— Em você?
— Sim. Estou aqui faz tempo.
— Eu nem sei o que dizer.
— Eu sei.
— Você sabe de tudo?
— Não. Só sei o que é necessário.
— E o que é necessário?
— Coisas simples.

Simplicidade era seu tema preferido. O pequeno filósofo, quando não falava, olhava e ria sozinho de coisas corriqueiras. O banal era extraordinário naqueles olhos cheios de esperança. Parecia que ele guardava algum segredo. E que o seu segredo era sagrado. Eu havia me acostumado a conviver com homens cheios de confiança no que diziam. Homens que não conviviam com a dúvida. A certeza sempre me pareceu ignorância. Só os incultos têm tanta certeza. Ou melhor, os semicultos. Exatamente. Aqueles que sabem muito pouco e, do pouco que sabem, julgam que sabem muito. Saber muito é outra coisa. É saber que não se sabe. Humildade. Das margens, não se é possível conhecer o rio, ainda mais à noite.

E continuamos nosso diálogo. Ele, sem mais nem menos, me perguntou:

— Você está rindo?

— Estou rindo de você.

— Que bom! Aprendeu alguma coisa.

— Eu já sabia rir, é que não achava adequado rir das pessoas.

— Na maioria das vezes, não é mesmo.

— E como é que a gente sabe se deve rir ou não?

— Quando não machuca.

— Machuca?

— O riso não pode machucar.

— Mas, às vezes, trata-se apenas de fazer da situação um brinquedo.

— Pessoas não são brinquedos.

— E o que são brinquedos, então?

Ele respirou como se estivesse em um momento único. E fechou os olhos. E sorriu.

— Brinquedos são lascas de superficialidades essenciais que...

— Ou são supérfluos ou essenciais.

— É! Você não consegue entender.

— Então explique, menino!

— Há coisas que não podem ser explicadas.

— Sei! Essas respostas as pessoas dão quando não têm respostas.

— E por que é preciso ter respostas?

— Porque, quando alguém pergunta, espera uma resposta.

— A pergunta é bonita por ser pergunta. A resposta muitas vezes estraga a pergunta.

— As pessoas curiosas é que gostam de perguntar.

— A boa curiosidade aponta um sabor de novidade que faz muito bem.

E, em silêncio, parecia se lembrar de alguma coisa. Era tão menino e falava de uma forma como se fosse um adulto, um pequeno adulto.

— Eu não sou um pequeno adulto.
— Você lê pensamento?

3

Antes de ouvir sua resposta, acho que, com o balançar do trem, adormeci. E talvez tenha dormido muito. Sonhei que estava em uma fazenda, conversando com os animais. Dona Porca tinha óculos e me encarava como se examinasse alguma saliência em minha face. O Senhor Cachorro aguardava ansioso pelo resultado. Chegaram também a Dona Gata e alguns passarinhos. Exceto os passarinhos, os outros pareciam experientes. Cabelos esbranquiçados, rugas, marcas do tempo. E conversavam entre si, falando sobre mim. Eu apenas ouvia. Eles me olhavam e comentavam coisas estranhíssimas. Eu apenas observava porque tinha a nítida impressão de que eles não percebiam que eu entendia a linguagem deles. Falavam de mim como se qualquer coisa que eu fizesse fosse um absurdo. Comentavam da minha insatisfação, das angústias, dos ferimentos em minha alma. Dona Porca cochichou com o Senhor Cachorro que eu precisava ser menos complicado. Eu me movimentava demais e isso me impedia de entender o essencial. O essencial? O que eles entendiam por essencial?

Fui, então, surpreendido pelo pequeno filósofo:
— Teve um bom sonho?
— Você sabe?
— Sobre o quê?
— Sobre o meu sonho?
— Imagino.
— Como assim? Imagina o quê?
— O seu sonho.
— Como alguém pode imaginar o sonho do outro.
— Simples. É só prestar atenção.
— Como alguém presta atenção ao sonho do outro?
— Simples. Imaginando...
— Simples. Imaginando? Que história é essa?
— A imaginação é a capacidade de representar imagens e depende da ação de vários sentidos. É preciso utilizá-los. A visão, por exemplo, faz com que imagens possam ir penetrando no nosso subsolo, lá permanecendo, até se transformarem em conceitos. Os conceitos nos lembram de coisas que já vimos e não mais podemos ver. É como se guardássemos em gavetas as tantas imagens que presenciamos. Vez ou outra, abrimos as gavetas para matar a saudade ou para simplesmente relembrar.
— Menino, você fala como se já tivesse vivido muito. Como se fosse um velho!
— Como a Porca, o Cachorro, a Gata?
— Não é possível. Será que eu falei enquanto dormia?
— Não. Não que eu me lembre.
— E você se esqueceria?
— Não é preciso guardar tudo.
— Como sabemos o que é necessário guardar?
— Os sentimentos dizem.

O tal trem parou. E ele foi logo explicando:

— Eu preciso descer aqui, vou conferir esta estação.

— O que significa "conferir esta estação"?

Sem me responder, foi se apressando em descer. Não resisti e desci com ele. Era um lugar estranho. Eu nunca tinha estado em nenhum ambiente parecido. Tudo era muito igual. Todas as casas eram iguais. E também os carros. E também as pessoas que passavam de um lado a outro. Todos com as mesmas roupas. Tive a certeza de que se tratava de um espetáculo teatral gigante, sei lá. Não há nenhum lugar em que tudo seja igual. Os passos dos caminhantes pareciam ensaiados. Todos os movimentos se davam como em um baile perfeito. Não fazia frio nem calor. Não havia sujeira. A limpeza do local parecia um pouco exagerada. As crianças eram todas iguais e todas cumprimentavam acenando na mesma velocidade e na mesma altura das mãos.

De repente, reparei na ausência de sons. O caminhar não era barulhento, e as charretes iguais, que passavam com pessoas iguais, também não faziam ruído. O menino não falava nada, apenas observava. Eu comecei a bater as mãos para ver se fazia barulho. E nada. Bati com mais força e nada. Apenas o silêncio. Tentei falar, mas ele estava tão compenetrado que me contive. Os cavalos que puxavam as charretes galopavam sincronizados, e nenhuma cor diferente se via nas roupas das senhoras. Era tudo de uma única tonalidade. O menino, em silêncio, deu alguns passos e, sem perceber, eu andei no mesmo movimento como se tivéssemos ensaiado. Resolvi parar e permitir que ele continuasse sozinho, mas não achei correto e andei na mesma velocidade, com as mesmas passadas. E, sem nos falarmos, paramos ao mesmo tempo. Eu tive a sensação de que estava surdo. Isso mesmo. Não era possível que, em tantos movimentos, não houvesse um único som. E talvez eu estivesse imaginando coisas. Todos iguais? E uma tristeza tomou conta de mim. Tive a sensação de que nunca mais ouviria som algum. Nem o som do trem que chegava e partia, todos os dias, na minha cidadezinha.

Sem entender muita coisa, confessei ao pequeno filósofo:
— Eu não percebi que tínhamos voltado.
— Você não presta atenção, já falamos sobre isso.
— Que lugar estranho era aquele?
— Estranho?
— Sim. Todo mundo igual.
— E por que isso é estranho?
— Porque não é assim que é. As pessoas são diferentes.
— Primeiro, é preciso saber que há mais coisas além daquelas que a gente conhece e, depois, que lamentavelmente as diferenças incomodam.
— Incomodam a quem?
— A boa parte das pessoas.
— Eu não me incomodo.
— Você se incomoda, sim. É que você não se lembra.
— Como assim "você não se lembra?".
— Quem presta pouca atenção não se lembra de quase nada.
— Eu fiquei surdo ou o movimento não tinha som?

Se ele chegou a me responder, não lembro. Novamente, adormeci. Não sei por que dormi e sonhei com os mesmos animais. Velhos, indiscutivelmente velhos. Falavam a meu respeito como se me conhecessem melhor do que eu. Brigas, irritações, lamentações. Era como se estivessem participando de uma pesquisa minuciosa sobre mim. E os comentários não eram muito elogiosos. Acusavam-me de inconstante, volúvel, preocupado demais

com a aparência, com o que as pessoas pensavam de mim. "Coitado" era uma palavra que diversas vezes foi proferida. E eu não tinha reação alguma. Eu entendia a linguagem deles, mas não dizia nada. Talvez pelo desejo de ouvir mais sobre mim mesmo. Talvez pelo medo de não ser compreendido. Eu era só silêncio naquele turbilhão de comentários. Justo eu que nunca gostei de algazarras. Eu tinha a certeza de que estavam errados a meu respeito e mais certeza ainda de que se tratava de um pesadelo. Animais buscam a sobrevivência. Pessoas — além da sobrevivência — buscam outras coisas complexas.

Eu já nem sabia mais se estava acordado ou sonhando, quando o pequeno filósofo me perguntou:

— Você gosta quando falam de você, não é?

— Eu?

— Gosta, sim! Você precisa que falem de você, senão é como se você não existisse.

— Você está falando dos animais do meu sonho?

— Sonho?!

— Eu estava sonhando de novo.

— Isso é bom.

— Eu falei?

— No sonho?

— No sonho, eu não falava nada, apenas observava.

— Bom ensinamento.

— Observar?

— Exatamente. Observar. Sem pressa.

— Você é um menino. Você não precisa ter pressa. Eu tenho pressa.

— De quê?

— De várias coisas. Aliás, todo mundo tem pressa.

— Todo mundo? Não. Todo mundo é demais. A generalização é um caminho para a injustiça: "Todo mundo", "ninguém", "o tempo todo", "nunca".

— Eu fiquei surdo e depois fiquei curado?

E o menino nada respondeu.

— Haverá outra estação?

E o menino, silenciosamente, sorriu.

4

Era um desperdício interromper a sua expressão. Os seus pensamentos viajavam com ele. Lembrei-me novamente da minha infância. Naquela época, eu tinha tempo para pensar, sem pressa de coisa alguma. Era lindo ficar olhando para o rio, imaginando os peixes que nadavam embaixo da água. Era fascinante observar a vegetação que crescia embalada por aquelas águas. Tudo era possibilidade.

Como se estivesse ouvindo minhas lembranças, ele interveio:

— E por que, então, as coisas mudam tanto?

— Você estava pensando no que eu estava pensando?

— E no que você estava pensando?

— Eu também já fui menino — disse-lhe, justificando minhas lembranças.

— Certamente.

— Eu também já tive esse semblante de futuro.

— O futuro existe!

— Para mim, cada vez menos.

— Que pena que você pensa assim!

Senti um pouco de vergonha por ter dito aquilo. E resolvi mudar de assunto.

— Haverá outra estação?

— Certamente.

— Igual àquela?

— Qual?

— Aquela em que todos eram exatamente iguais.

— Como você pode dizer todos? Ficamos lá por apenas algum tempo.

— Quanto?

— Quanto o quê?

— Quanto tempo?

— O necessário.

— E quem determina o necessário?

— Quem você acha?

— Deve ser você. Você que sabe tudo.

— Eu não disse que sei tudo.

— Mas você sabe tudo, eu estou dizendo.

— E como você sabe que eu sei tudo?

— Sou um homem experiente. Sei das coisas.

— O que é ser um homem experiente?

— É ter vivido muito.

— E todo mundo que vive muito é experiente?

— Não necessariamente.

— E quem vive pouco nunca é experiente?

— Você faz perguntas por fazer, não é?

— Não.

— Você sabe mais do que eu.

— Sobre o quê?

— Sei lá, sobre qualquer coisa.

— Tem gente que vive muito e não amadurece.

— Está falando de mim?
— Por que seria de você?
— Porque só eu estou aqui.
— Será?
— Eu e você.
— E as nossas companhias?
— Quais companhias?
— Há tanta gente aí e aqui. Há tanta lembrança, tanto ensinamento!
— Eu sei.
— Sabe?

E, de novo, o sonho com os animais mais velhos. E, de novo, os comentários irritantes a respeito de minhas raras iniciativas para me libertar de vícios banais, como comer demais, beber demais e amar sem amor. Falavam de romances frustrados, de amizades interesseiras. De razões sem razão. Falavam da minha infância e do hábito de mentir. Ora essa, todo mundo mente!

— Mais uma vez, vem você, generalizando.
— Não é possível. Eu não consigo mais controlar quando durmo ou acordo. E você não dorme?
— Preciso descer.
— Aonde você vai?
— Para outra estação.
— E o que há nesta estação?

5

Era um barulho ininterrupto. Exatamente o contrário da estação anterior. Todas as pessoas falavam. Todas, sem exceção. Faziam perguntas e não esperavam pelas respostas. Melhor assim. Ninguém estava disposto a ouvir o que perguntavam. Respondiam todos, ao mesmo tempo, sem que pergunta alguma fosse feita. Andavam compulsivamente e, ao contrário da primeira estação, atropelavam-se. E ninguém pedia desculpas a ninguém, mesmo quando saíam machucados. A impressão era a de que não sentiam dor. E sangravam, inclusive, sem se preocupar com isso. Estavam bem-vestidos, mas sujos. Não havia crianças. Só adultos. Todos diferentes, muito diferentes. Pareciam estrangeiros, todos estrangeiros. Era como uma convenção de gente que havia nascido em lugares diferentes. Eu conseguia compreender a língua que falavam, já que era a mesma, embora nao sabia se era a mesma ou se era a minha imaginação. Pisavam em sujeiras e não reparavam. Ou então reparavam, mas não se importavam. As trombadas eram assustadoras. Vinham andando em velocidade, batiam uns nos outros e prosseguiam. Alguns caíam.

Desses, alguns não se levantavam mais. Era assustador. E ninguém parava para olhar o que havia acontecido. As pessoas caídas eram pisoteadas. E não sei se não pediam socorro ou se o barulho me impedia de ouvir o clamor. Não entendia por que um não compreendia o outro.

De repente, eu comecei a falar sem parar e a me movimentar. Perguntei ao menino sobre a balbúrdia. E perguntei de novo. Não me lembro se ele disse alguma coisa. Era difícil de escutar e de se lembrar. Comecei a imaginar que as trombadas e as feridas sem compaixão se davam porque eram todos cegos. Exatamente isso, tive a certeza de que eram cegos e que, apenas por isso, não viam os machucados nos outros nem em si próprios. Ao mesmo tempo que eu decidia que eram cegos, eu estranhava o fato de os feridos, apesar de não verem, também não sentirem dor. Certamente, ela existia, estava ali. Eu conseguia ver. E conseguia até sentir. Apenas eu tinha esse poder? Que angustiante quando todos se tornam invisíveis! Eles falavam consigo mesmos. Apenas isso. Eles não falavam. Falavam, sim. Não. Não falavam.

E, quando vi, estávamos sentados no mesmo lugar.

Meio confuso, perguntei ao pequeno filósofo:

— O que aconteceu?

— Você dormiu.

— Nós saímos, e eu vi uma gente estranha que falava compulsivamente e se atropelava.

— Viu?

— Você não viu?

— O quê?

— Você não está prestando atenção em mim, menino.

— Estou, sim.

— O que são essas...?

— Estações?

28 GABRIEL CHALITA

— Estações. Você poderia me explicar?
— Nem tudo tem explicação.
— Mas eles não percebem que não é possível viver assim? É um inferno em que ninguém se entende. Todos falam sozinhos. Ninguém se preocupa com o outro. Um pisa no outro. E todos saem machucados.
— Está falando da sua cidade?
— Não. Eu estava falando... O que tem a minha cidade?
— Eu não sei.
— As pessoas não são assim na minha cidade.
— Você conhece muita gente?
— Conheço muita gente, sim.
— E é possível conhecer muita gente?
— Claro que sim.
— Do que gostam as pessoas que você conhece?

E o sonho voltou. Os animais estavam me olhando e reclamando que não tinham comida. E cada um fazia um discurso. Diziam que eu não tinha me preocupado com eles. E que era preciso que eu saísse para comprar comida. "E os meus remédios?", questionava Dona Porca. "E os meus óculos que já estão vencidos?", reclamava o Senhor Cachorro. "E o meu travesseiro?", indagava a Dona Gata. Apenas os passarinhos não diziam nada, mas me olhavam com reprovação. Mexiam a cabeça em um sinal claro de que estavam discordando de alguma coisa.

Eu não sabia que comida comprar muito menos os remédios de que necessitavam ou o grau adequado dos óculos e menos ainda que a Dona Gata gostava de travesseiros. E aquelas cabeças de passarinhos, de um lado para o outro, em tom de reprovação, angustiavam-me naquele sono que parecia durar uma eternidade.

Ao longe, ouvi a voz do pequeno filósofo, parecendo me despertar:

— Fique tranquilo.

— Eu dormi?

— Dormiu?

— Não dormi?

— Não dormiu?

— Por que você, além de não me responder, pergunta a mesma coisa que eu te perguntei?

— A pergunta é sobre você? Acho que você deve saber mais de você mesmo do que eu.

— Não é isso. É que não sei se dormi ou não.

— E como eu iria saber?

— Você está aqui.

— Você também.

— Deixa para lá, você é muito implicante.

Deu-se um longo momento de silêncio. Até que eu o provoquei:

— Ei, menino, não vai me dizer nada?

— Sobre o quê?

— Eu disse que você é muito implicante.

— Eu ouvi.

— E não vai se defender?

— Me defender?

— Sim. Quando alguém acusa, o outro defende.

— E quando o outro não defende?

— Irrita quem o acusou. Ah, deixa pra lá. Tive um sonho diferente. Quer dizer, sonhei de novo com uns animais que parecem gente. E que ficam me dando ordens ou falando de mim. Dessa vez, eles falaram comigo. Eu tenho um cachorro em casa. É meu único animal, mas ele jamais falou ou falará comigo.

— Jamais?

— Já entendi o que você está querendo dizer. Ele fala por meio de gestos. É muito carinhoso, mas não vai dizer que eu tenho, por exemplo, de comprar comida para ele ou que precisa de óculos.

— Não?

— Claro que não.

— Como as coisas são claras para você.

— Não, meu menino. Antes fossem! Tenho uma vida muito atrapalhada. Meu casamento não existe há algum tempo. Nós pouco nos falamos. E, com os meus filhos, não é diferente. Eu pago o que eles precisam e conversamos quase nada. O mais velho tem 15 anos, e o menor, 12. São diferentes em tudo, menos na frieza com que me tratam. Viajo muito e acho que não acompanhei o crescimento deles. Eles gostam mais de máquinas do que de qualquer outra coisa. Conversam virtualmente. O mais velho é nervoso, reclama de tudo, sofre com o peso. Briga com a mãe o tempo todo. Fala muito. O mais novo é como se não existisse. Fica trancado no quarto. Não gosta de conviver com ninguém. Eles não se falam muito. Minha mulher é nervosa também. Acho que se arrepende do casamento e dos filhos. Queria ter sido modelo. Acabou fazendo a vontade dos pais, e nos casamos. No começo, havia alguma paixão. Fazíamos planos, conversávamos. O tempo esfriou o desejo. Eu não tenho paciência de ouvir os reclamos dela. Nada está bom. Tudo é indesejável. Eu não sou assim.

— Como você é?

— Sou simples. Ou penso que sou.

— O que é ser simples?

— É entender que as coisas têm um tempo. Não gosto de nervosismos, de brigas, de reclamações.

— Sei.
— Gosto de paz.
— E como se constrói a paz?
— Ficando longe das brigas.
— Interessante!
— Por quê? Não é assim?
— Ninguém constrói nada ficando longe...
— O sentido que eu disse é o de não brigar.
— Eu entendi, mas a paz não é ausência de briga ou de guerra. A paz não é inação. É movimento.
— Por que as pessoas naquela estação não tinham paz? Eram cegas?
— Há muitas formas de cegueira.
— Sim, mas elas se trombavam e se feriam. E não se importavam com isso.
— Com o tempo, se as pessoas não aprendem, elas deixam de se importar.

6

Eu era um menino muito quieto. De fato, o que eu gostava mesmo era de ficar em meu mundo particular. Não gostava das conversas dos adultos nem das obrigações que me impunham. Gostava de ver. Apenas isso. Gostava da estação, gostava do trem, gostava dos sinos. E não gostava de dar explicações. Sempre que me perguntavam alguma coisa, eu me esquivava. Preferia o mundo que eu imaginava dentro de mim mesmo. Os abraços da chegada e da partida.

Eu sempre construía alguma história. Às vezes, até rabiscava o que eu via e criava. Não mostrava para ninguém. Não queria me exibir com as histórias, queria apenas brincar. Era esse o meu jeito de brincar. Andava de charrete sem destino. Pegava carona com algum conhecido, e todos os charreteiros eram conhecidos, e eu ia. Preferia não saber o destino. Era melhor assim. Tudo era muito perto. Descia em algum lugar e ficava um tempo mexendo com as pedras. Depois voltava. E nada de obrigações. Apenas a escola e a reza. O resto, eu decidia.

Minha mãe vivia adoentada. Quando ela se foi, o sino tocou de tristeza. Fiquei, menino, observando as pessoas. Algumas me abraçavam sem me olhar. Outras faziam perguntas. Meu pai respondia por mim. Outras tinham pena do meu destino. E nada mais. Poucos abraços eu recebi da minha mãe. As lembranças que me acompanham são as de sua tosse em uma cama sempre com coberta. Na penteadeira, muitos santos. Fraquinha, ela dizia poucas coisas para mim e às vezes ralhava pelas minhas ausências. E, então, eu percebia um pouco de seu afeto. Meu pai, sim, abraçava. Outra mulher.

De longe, eu via seus encontros prolongados perto da estação. E os risos altos. Eu preferia o silêncio. Depois, voltava para casa. Eu não gostava de olhar nos olhos dele. Eu tinha medo de que ele soubesse que eu sabia.

Os passarinhos estavam fazendo uma algazarra, e eu queria dormir. Era mais ou menos assim o meu sonho:

Parecia que um menor apanhava de um maior. Não gostei muito, mas o reino dos pássaros é diferente, e o melhor é não se meter. Fechei a janela para não ouvir a briga, mas continuava vendo, o que me incomodava. Fechei a cortina. Pronto. Estava tranquilo. Nem via nem ouvia a briga. Mas pensava na briga. Imaginava que um passarinho poderia matar o outro se ninguém defendesse o menor. Mas eu não tinha nada com isso. Acho que liguei algum aparelho. Talvez a televisão para pensar em outra coisa. De repente, a Dona Porca entrou e ralhou comigo. Disse que eu não prestava nem para separar uma briga. Que eu fazia barulho demais com a barriga. Que eu ocupava espaço demais. Enfim, não me lembro de todas as coisas de que aquela velha porca com os óculos meio caídos e o dedo em riste me acusava.

— Não gosto de crueldade.

— Eu também não, menino.
— Será que tem quem goste?
— Deve ter, senão não existiria a crueldade.
— Não gosto de crueldade. Não gosto de covardia.
— Por que está dizendo isso? Você está se referindo ao meu sonho com os passarinhos? Foi apenas um sonho. Eu não tenho o poder de controlar os sonhos.
— O que tem o seu sonho?
— O sonho em que eu não defendi um passarinho menor que apanhava do maior.
— Sei.
— Você defenderia?
— Sim.
— Como?

O menino foi andando rapidamente, e eu junto. Entramos em um compartimento todo protegido. Imediatamente fomos envolvidos por um plástico finíssimo. Isso mesmo. Todo o nosso corpo protegido de qualquer contato. Havia muitas máquinas, acho que robôs checavam cada parte do nosso corpo. Tudo muito sutil. Não nos sentíamos invadidos. Estranho isso, não? E, de repente, deparamos com máquinas enormes e com pessoas, todas elas, também plastificadas, mexendo nas máquinas. Estavam programando alguma coisa. O menino apenas olhava. Aos poucos, fui percebendo que programavam, como queriam, os outros seres. Escolhiam o tipo do animal de estimação. O tamanho. A raça. Escolhiam também como seriam as crianças, cor da pele, dos olhos, altura, peso, entre outras características. E, com muita limpeza e organização, descartavam as que vinham com algum defeito. Havia um compartimento em que esses recém-nascidos eram despejados para uma espécie de reciclagem. E os adultos faziam isso, várias vezes. Eu entendi que era algo semelhante à escolha de um sorvete, em que se provam vários sabores até se encontrar o adequado. Olhei para o menino, que não movimentava nenhum músculo da face. Quis dizer do meu descontentamento, mas tive receio de ir contra o que todo mundo estava fazendo.

— É sempre assim?
— O quê?
— É difícil ir contra o que aparentemente é consenso?
— Com certeza.
— Que máquina estranha!
— Máquina?
— Sim, você viu também. Eu reparei que você viu. Aquilo era uma máquina de fazer gente? Não é possível. Nenhuma máquina tem o poder de fazer gente. Estou angustiado. E com que naturalidade descartavam quem não queriam! Nossa, era tudo silencioso como na primeira estação! Ninguém chorava. Seria natural que chorassem. É assim que tem de ser. Os bebês, quando nascem, choram. É o natural.
— Natural?
— Natural, sim. Da natureza da pessoa humana. Não podemos ir contra essa natureza.
— E os seus filhos?
— O que têm os meus filhos?
— Choram?
— Acho que sim. Bem, choraram quando nasceram. Eu estava com eles.
— E depois?
— Depois?
— Sim. Depois que eles deixaram de ser novidade.

7

Era a Dona Porca dizendo que eu tinha de cuidar dos passarinhos. Afinal, eu quis tê-los, e então era de minha responsabilidade qualquer problema entre eles. Como falava essa Dona Porca! E o Senhor Cachorro resmungava, dizendo que já havia providenciado o travesseiro da Dona Gata. E ela me olhava, balançando a cabeça em sinal de reprovação. Por que todo erro era meu? E Dona Porca ralhava comigo, exigindo atenção e providência. E eu não conseguia emitir som algum. Eles falavam comigo, mas eu não conseguia responder absolutamente nada. Queria era sair dali.

— Você gostaria de dominar o tempo?
— Eu?
— Sim.
— Bem. Todo mundo gostaria.
— Todo mundo?
— Sim. Se pudéssemos parar os momentos bonitos da vida, seria sempre um tempo bonito.
— Sei. Seria como se não tivéssemos pálpebras.

— Pálpebras?

— Pálpebras. Essa membrana que todo mundo tem. E que alivia.

— Não estou falando disso.

— Está falando do quê?

— Do tempo. De dizer ao tempo: "Pare!". Ou dizer: "Passe mais rapidamente!".

— Gostaria que seus filhos crescessem mais rapidamente?

— Não estou falando disso. Mas gostaria. Quer dizer, não sei. Depende. Se eu pudesse programar exatamente como eles seriam...

— Como se fosse em uma máquina? E tudo saísse ao seu gosto?

— Não. Se você estiver se reportando àquela estação maluca em que as pessoas programam como as outras serão...

— Desculpe-me. Devo ter entendido mal.

— É que você não é pai. É claro que todo pai sonha que seus filhos consigam o sucesso, sejam perfeitos.

— Tão perfeitos quanto o pai?

— Não há pai perfeito.

— E por que o filho tem de ser perfeito?

— Eu não disse isso.

— Não?

— Eu disse... Sei lá o que eu disse. Acho que, quando a gente fala demais, fala o que não deve.

Meu pai pouco falava comigo. Era trabalhador. Saía cedo e voltava um pouco antes de o sino tocar. Eu o via saindo e voltando. Ele tomava banho quando chegava, espiava minha mãe no quarto e saía novamente. Eu via quando ele, com o cabelo penteado, atravessava a linha e ia abraçar. Era bem perto de casa, ao lado da estação. Às vezes, ele tinha de aguardar um pouco, quando o trem estava passando, para só depois avançar. Ela ficava esperando no portão. Eu via tudo. Depois, entrava e, pouco tempo depois, saía. Ela vinha junto com ele, mas não havia abraços. Ele raramente olhava para trás. Atravessava novamente a linha do trem e voltava para casa. Minha mãe, arrastando-se, arrumava o jantar. Comigo, ele falava sem olhar. Só perguntas. E não me lembro de nenhuma vez em que tenha prestado atenção às respostas.

Não! Não! A Dona Porca me xingando de novo, não! O que eu fiz agora? Não é possível! Ela está maior e mais velha, e a voz ainda mais alta. Eu quero sumir daqui. Olho para o Senhor Cachorro com olhos pidonhos. Eu preciso de ajuda, mas não consigo sensibilizar ninguém. Maldito pesadelo!

— Onde estamos?

8

Quanta sujeira! Esta é outra estação? Quanta lama! Eu via o menino, e o menino me via. Não nos falávamos. Apenas víamos a lama tomando conta de tudo. Parecia o final de uma grande enxurrada. As ruas, os lagos, as árvores, os animais, as pessoas... Tudo era de lama. Eu comecei a achar que tinha outro computador gigante que fabricava as lamas. Eu não conseguia entender se as pessoas eram feitas de lama ou se estavam sujas de lama. As pessoas passavam e nos olhavam, mas não diziam nada. Acho que eram feitas de lama, sim, senão pediriam a nossa ajuda para se limpar. Eram todas sujas. Será que por isso não percebiam que estavam sujas? Mas nós estávamos limpos. O menino e eu. Ou não estávamos? Ele me olhava. Será que eu também estava sujo e não conseguia perceber? Não era sonho. Decididamente, não era sonho. Eu não sonharia com nada parecido. Os carros se locomoviam, escorregando. Era lama sobre lama. Algumas crianças brincavam. Mas não se podiam ver os sorrisos. Eram todos sem expressão; ou melhor, as expressões deviam estar escondidas sob a lama. Que estranho!

Eu queria água para limpar toda aquela lama. Mas a água era lama. E lama não limpa lama. Sem perceber, eu comecei a me cheirar. Não tinha cheiro de nada. Os meus pés deviam estar cheios de lama também, mas não estavam. Era como se nada daquilo nos atingisse. Ou não. Eu não sei.

— Eles eram feitos de lama ou estavam sujos?

— Que diferença faz?

— Toda diferença. Se eles foram feitos de lama, não há o que fazer. Se estão sujos, basta limpá-los.

— É simples assim?

— Eu estou te perguntando.

— Eu também.

E o menino me olhou e prosseguiu:

— É difícil saber a origem. Viemos de onde? Fomos feitos por quê? Para quê? O que é nosso de verdade e o que nos foi grudado? Se não foram feitos de lama, a lama se tornou tão natural que talvez seja muito difícil perceberem a própria lama. É isso o que veem, é isso o que sentem. Se não foram feitos de lama, acostumaram-se com ela.

E eu insisti:

— A não ser que alguém tenha o poder de limpar tudo.

— E quem teria esse poder?

— Nós.

— Nós quem?

— Você e eu.

— E seus filhos?

— Meus filhos? Eles não gostam de mim como você gosta.

— Por que não?

— Não sei. Talvez seja culpa minha. Agora é tarde.

— Melhor limpar a lama de todo aquele mundo. É mais fácil, não é?

o pequeno **filósofo** 43

E o silêncio começou a me perturbar. Agora não estava sonhando. O menino começou a olhar para as suas mãos como se procurasse alguma coisa. E eu procurava alguma coisa dentro de mim mesmo. Era tão ridículo o que eu tinha dito. Eu me achava com o poder de limpar uma estação inteira, de tirar toda a lama daquela gente, e não era capaz de limpar a minha relação com os meus dois filhos. Eu nunca quis ser pai. Eu sempre gostei de viajar. Casei nem sei por quê. Mas o fato é que eu era pai e considerava a minha relação com meus filhos como algo perdido.

Quando minha mãe morreu, meu pai piorou comigo. Eu tinha muito medo dele, muito medo de que ele me olhasse nos olhos. Eu tinha medo de que ele soubesse dos meus desejos. Eu desejava que ele também morresse. Tudo seria mais fácil. E queria também que meu irmão mais velho morresse. Ele usava de seu tamanho para me impor uma atitude de subserviência. Não gostava dos seus hábitos. Era grosseiro. Falava cuspindo. Ditava regras como se conhecesse tudo. Tratava-me como um objeto. E meu pai não intervinha. Para ele, meu pai olhava. Brigavam muito, mas se tocavam. Eu vi até alguns abraços.

Eu gostava mais do silêncio. Acho que eu puxei à minha mãe. Quer dizer, não sei. Ela era boa, apesar da dor. Eu não tinha medo do seu olhar. Para ela, não havia desejo algum de partida. Partiu sem que eu quisesse. Quis abraçá-la, mas tive medo do meu pai. Beijei-lhe a testa, quando o padre estava por perto, e fiquei quieto acompanhando as orações. Meu irmão gritava, esperneava, xingava o médico que não deu solução ao caso. Logo depois do enterro, ele foi ao campo de futebol torcer por seu time e, à noite, depois das badaladas do sino, ficou rindo das piadas de um amigo tão estranho quanto ele. Eu não conseguia compreender dor tão doída e tão pouco prolongada. Ele voltava do futebol sujo de lama e dormia assim. Emporcalhado. Eu via os seus machucados, mas fingia olhar para outro lugar. Eu era só silêncio; e ele, apenas barulho.

Eu saí de casa logo depois. Fui morar com uma tia e nunca mais voltei. Não me despedi. Talvez nem tivessem tido tempo de notar a minha ausência. Tenho saudade do barulho do trem. E dos abraços da estação.

"Acorde vagabundo!", era Dona Porca. "Acorde!". O Senhor Cachorro lembrava um pouco o meu pai. Que estranho isso! Agora, o rosto do Senhor Cachorro era o rosto do meu pai. E o rosto da Dona Porca era o rosto do meu irmão. E os passarinhos eram meus filhos e minha mulher.

— Calma.

— Eu quero ir embora, menino. Eu não sei quem você é. Isso tudo é um sonho? Que viagem é esta? Eu não me lembro de onde eu embarquei nem sei para onde eu estou indo. Eu acho que não te conheci antes. Estamos juntos por acaso?

— Calma.

— Eu não posso ficar calmo sem essas informações. Eu preciso saber. Você me entende?

— Entendo.

— Obrigado. Espere!

— Claro.

— Nossa! Como eu não percebi antes? Eu morri. Eu estou morto. Só pode ser isso. Nunca imaginei que a outra vida fosse assim. Claro! Estamos passando por algumas estações e, depois, eu vou saber em qual delas eu haverei de viver, não é isso? É exatamente isso. Essas lembranças todas me perseguindo. Ah, então é assim a morte? Nossa, eu estudei tantas coisas! Eu imaginava tudo tão diferente!

o pequeno **filósofo** 47

Estou com roupas. Tenho pasta. Estou acompanhado. Eu imaginava que era um túnel em que se entrava todo de branco. Não. Eu imaginava uma outra coisa. Exatamente. Que primeiro haveria um julgamento e que se colocassem de um lado as minhas ausências e, de outro, a minha identidade. Isso eu li em algum livro. Acho que eu imaginava encontrar minha mãe e imaginava abraçá-la. Essa era uma certeza que eu não revelava a ninguém. Eu iria abraçar minha mãe como nunca abracei. Iria dizer a ela que o meu silêncio não era uma ausência, era uma decisão de não a incomodar. Certamente, o incômodo da dor da doença já era mais do que necessário. Era isso que eu desejava. E, do mesmo modo que ela me recebeu na vida, que ela pudesse me receber na morte. E que pudesse me trazer as lembranças que o tempo havia roubado. Minha mãe e eu, juntos na eternidade. Onde está minha mãe? Será que vamos chegar a alguma estação em que eu possa encontrá-la? Ou ela estava em uma das estações pelas quais já passamos e eu não reparei? Quando não se está pensando, não se repara. É que, de verdade, eu não sabia que havia morrido.

— Você morreu?

— Você não pode me dizer, não é? Você deve ser um anjo. Só um anjo saberia das coisas que você sabe na sua idade.

— Qual é a minha idade?

— Você não me disse.

— Você não me perguntou.

— Eu morri. Confesse. Eu morri e não tive tempo de me despedir de ninguém. Eu morri. Me diga! Por favor, diga! Eu poderia ter falado alguma coisa com os meus filhos. Censurei tanto o meu pai e também não fui um bom pai. Se eu soubesse que iria morrer, teria dito alguma coisa. Por que não nos avisam com algum tempo de antecedência? Seria tudo mais digno. Na estação, as pessoas sabiam que iam embora, por isso os abraços. Se não se sabe, não há abraços.

9

Parou o trem. Subitamente. Desta vez, eu percebi.

E descemos mais uma vez. Quando a porta se abriu, já pude ouvir a música. Sempre gostei de música, mas essa era especial. Eu não conseguiria jamais explicar que música era aquela. Era instrumental. Não. Acho que havia também um coral de vozes que acompanhava e havia um solo. Não. Eu não posso descrever. Ainda sinto em mim aquela música. Por algum tempo, pensei que levitava. Acho que não reparei no menino, mas ele devia estar como eu. Era muita beleza. Quase que uma linguagem mágica. Uma sensação de outro mundo. Já usei adjetivos em demasia e não consegui transmitir aquela sensação. Só experimentando. Só experimentando.

Depois de algum tempo, comecei a caminhar. Lembro-me de ter caminhado muito, e a música era a mesma em todos os lugares. E nenhum sinal de vida. Eu queria compartilhar aquele momento. Eu não via o menino. Não sei se ele tinha ido caminhar para outro lado. Eu precisava de alguém com quem falar sobre aquela música. Talvez tenha caminhado dias e noites. Não posso afirmar com certeza. Nem homem. Nem mulher. Nem animais. Nem vegetais. Era tudo aberto. Quanto mais se caminhava, menos se chegava a qualquer lugar. Era o nada e a música. Eu estava inebriado e, ao mesmo tempo, triste por saber que toda aquela emoção não era partilhada por outros viventes. Eu não sei se era a música que me trazia a sensação ou se era a paisagem, que também era exuberante. Eu via algumas tendas vazias. Apenas isso. Teriam sido habitadas algum dia? Morreram todos? Alguma arma química com potencial de destruir as vidas humanas sem estragar os espaços? Não. O cheiro não era o de morte. Eu tinha vontade de dançar. E de ficar. Estava sozinho como sempre sonhara na minha infância. Eu e a canção. Os acordes tinham a tonalidade certa. Tudo era harmonia. Eu, decididamente, não gostaria de estar sozinho. Era preciso que eu contasse para alguém e que alguém compreendesse a sensação. Sim. Era como se, no paraíso da Criação, faltasse o homem, faltasse a mulher. Alguém teria de existir para contemplar o indescritível, o indizível. O homem e a mulher.

Minha mulher nunca foi romântica. Foi, sim. Com certeza, foi. Eu é que não fui. Talvez tenha sido também. É difícil ter certeza das coisas. Talvez se eu tivesse escutado antes aquela música. Talvez se eu tivesse visitado com ela aquela estação. "Se" é uma partícula que não diz muita coisa. O que é o condicional... "Se eu fosse mais carinhoso", "se eu tivesse prestado mais atenção"... Não fui, não prestei. Minha mulher tinha qualidades extraordinárias que o tempo ou o espaço da nossa convivência afastou. O estranho é que eu queria ter uma família diferente da minha. É que, no início, eu tinha esperanças de uma história bonita. Pena que o início é apenas no início. Depois vem o depois. E, assim, o início fica para trás.

Pena que o rio não volta. Na nascente, não há poluição. É tudo promessa. É tudo futuro. E o futuro nem sempre é o que a promessa prometia. No primeiro encontro, permiti que a beleza da minha mulher roubasse frases de que nunca gostei ou que não soube pronunciar. Ela era decididamente linda. Ela é decididamente linda. Digo isso agora. Para ela, o não dito fez mais companhia do que os dizeres necessários. Sim, há dizeres que são necessários. Outros são secundários. Mas os necessários precisam ser ditos e o que dizemos geralmente são os secundários. Por que será? Por que perdemos tanto tempo com o que não é necessário? Talvez por isso e por não sermos donos da fábrica do tempo, não temos tempo para o necessário. Triste constatação!

As tendas desta estação estão desabitadas. Estão prontas para receber quem quer que seja. Acho que deve ser estranho entrar a sós nas tendas. Elas foram feitas para dar aconchego aos que decidirem dar abraços. Imaginei as pessoas que se abraçavam na estação indo para as tendas. Mas ali não havia ninguém. Apenas a música que continuava esperando. Há tanto a ser dito e nem sequer as mãos se dão ao trabalho do toque. E nada de abraços. Os abraços me lembram da estação, mas lembram também do meu pai. Era abraço na chegada e frieza na saída. A mulher o acompanhava até o jardim, até o portão da saída. Meu pai voltava em silêncio. E resmungava alguma coisa antes de dormir. Minha mãe olhava para o teto e suspirava em segredo.

Segredo, sagrado. Nos meus segredos, minha mãe era sagrada. Apenas ela.

— Você ainda está aí?

— O que você acha?

— Nós nos perdemos na estação da música.

— Não. Eu estava com você.
— Eu não te vi.
— Isso acontece.
— O que acontece?
— Estar com alguém e não ver.
— Você está dizendo que eu sou assim?
— Você é que está dizendo.

E continuou o pequeno filósofo:

— Sabe, o mundo dos invisíveis está mais perto do que se imagina. Estão por toda a parte, mas talvez a pouca luz dificulte encontrá-los. Não é que não exista luz necessária, é que os olhos vão se acostumando com a penumbra e não enxergam. Não é que a penumbra não seja agradável. É que o aconchego não pode se transformar em acomodação. Os acomodados têm uma doença aparentemente incorrigível. Não conseguem ver ao longe. E o que veem de perto, veem desfigurado. Fazemos falsas imagens de quem está ao nosso lado e desistimos rapidamente. É sempre assim. Descrever os defeitos parece nos convencer das ausências de qualidades. É assim com os pais, por exemplo.

— O que tem meu pai?
— Nada. Eu não estou falando de seu pai.
— Eu nunca vi qualidade em meu pai.
— Decerto não tinha.
— Todo mundo tem.
— Então, seu pai também tinha.
— É evidente. É que eu não consigo me lembrar de nada de bom que ele fazia. Não é estranho?
— Eu não sei.
— Eu queria poder lembrar-me dele com amor. No começo, eu me lembrava dele com ódio, depois com desprezo.

— Sei.

— E de minha mãe, eu me lembro com pena.

— E nada mais?

— Ela morreu cedo.

— Entendi.

— Como eu queria entender! Talvez eu tivesse sido um pai melhor.

— Sempre há tempo.

— Por que será que não dizemos o que deveríamos? Por que será que não limpamos a sujeira e voltamos a ser como éramos antes? Somos diferentes. O silêncio nos incomoda tanto quanto o barulho. Não somos máquinas, menino. Não fomos feitos por máquinas. E mesmo nesta época de tantas máquinas, o essencial está nas mãos que conseguimos enlaçar, nos abraços que conseguimos dar. Toda a beleza da música vai se esvair enquanto não conseguirmos compreender o amor em que nascemos e o amor em que haveremos de crescer. Se não enfrentarmos a nossa solidão, a música será incapaz de nos levar à tenda preparada cuidadosamente para o que virá depois. Sozinhos, não haverá depois.

— Que bom ouvir isso! Sozinhos não haverá depois!

— Eu estou só.

Era um espelho gigantesco. Apenas isso. Eu me via como nunca havia visto antes. Inteiro. Eu me aproximava do espelho, mas não conseguia tocá-lo. Eu me via em detalhes. E não gostava do que via. Parecia que os meus olhos estavam cansados. Algumas olheiras. A pele um pouco oleosa. O cabelo despenteado demais. Meu nariz nunca teve o tamanho que sonhei. Era preciso reduzir um pouco. Era incrível ver as minhas mãos no espelho. Ficaram menores. Não. Isso não era possível. Minhas mãos já são pequenas. Ainda menores? E os meus pés também ficavam menores. E a roupa não estava adequada para que eu me visse assim, tão de perto. Eu tinha de aproveitar aquele espelho. Os espelhos que existem por aí não têm esse tamanho nem essa definição. Eu me via plenamente. Eu estava sozinho naquele universo especular. Que sensação incrível! Eu não precisava de mais nada. Claro que precisava. Não. Não precisava. Os pensamentos duais começavam a me incomodar. Mas não era possível que outra pessoa estivesse ali. Não cabia. Claro que cabia. Era tudo muito grande. Eu tinha de olhar muito para mim mesmo. Eu tinha de aproveitar para ver tudo. E sozinho ficava mais fácil. Não havia ninguém para dizer o que estava certo ou errado. Éramos apenas eu e os espelhos. E onde estava o menino?

"Os passarinhos não têm comida, seu traste!", era a Dona Porca. Eu acho que estava de novo no trem e sonhando mais uma vez. "Você pisou na minha pata, idiota!", era a Dona Gata falando. Eu não tinha visto a pata dela. "Você está louco? Sentou no meu rabo." Eu não reparei que havia sentado no rabo do Senhor Cachorro. Mas por que ele tinha deixado o rabo no lugar errado?

10

— Você não desceu comigo nesta estação?

— Você não anda reparando muito nas coisas, não é?

— Eu teria te visto. Era um espelho enorme. Ou melhor, eram muitos espelhos. Muitos, mesmo.

— Eu sei.

— Por que não te vi?

— Porque não deu tempo, talvez.

— Nossa, tive a sensação de que fiquei muito tempo por lá.

— E ficamos.

— Então, deu tempo.

— É.

— Desculpe-me, acho que fiquei tão preocupado com algumas coisas que preciso mudar que acabei não reparando em você.

— Mudar?

— Sim. Coisas de que não gosto em mim. Naquele espelho, era possível ver tudo.

— Sei, inclusive os sentimentos.
— Os sentimentos?
— Nada mais necessário do que os sentimentos. Nada mais importante do que os sentimentos.
— Não, eu não vi os sentimentos. Claro que não!
— Ah, os sentimentos não fazem parte, entendi.
— Claro que fazem parte! Estava falando da parte física.
— Entendo.
— É que eu não gosto de algumas coisas.
— Que bom!
— Que bom?
— Sim.
— Que bom o quê?
— O espelho.
— Você está rindo de mim?
— Estou.
— É. Eu entendi.

É impressionante como nos impressionamos com o que não deveríamos nos impressionar. É assim mesmo. Tantos detalhes toscos valorizados e desperdiçamos o que, de fato, importa. Eu não vi o menino comigo naquele espelho gigante. Não vi nada além de mim mesmo. Ou melhor, não vi a mim mesmo. Eu não sou a carcaça, sou a essência. Será que, quando se esquece da essência, fica-se com o desnecessário? Mas a carcaça é também necessária. Ou não? Será isso o egoísmo?

— Pode ser.
— Eu estava pensando. Você lê pensamento?
— Pode ser.
— Você me acha egoísta?
— Ainda não te conheço o suficiente.

o pequeno **filósofo** 57

— Eu acho que todo mundo é egoísta. Todo mundo. Essa história de que algumas pessoas fazem o bem, são generosas, isso não passa de exibicionismo. Cada um pensa em si mesmo. Você não concorda?

— Não.

Eram seres que se locomoviam dentro de uma redoma de vidro. Exatamente isso. Como se fosse uma cabine ambulante. Não era possível nenhum contato físico. O sol brilhava mais forte nesta estação, mas estavam todos protegidos. Acho que ninguém conseguia ver o sol, porque a cabine em cima tinha um tampo muito grosso. Os olhares iam todos mais ou menos na mesma direção. Pareciam robôs, mas tive a impressão de que não eram. Eram pessoas comuns destinadas a não serem tocadas. As redomas de proteção se diferenciavam. Algumas eram mais enfeitadas; outras, mais simples. Mas todos tinham a tal redoma. Não era possível ver detalhes do caminhante. Ver se estava sorrindo ou se estava sisudo, por exemplo. Era preciso chegar bem perto para identificar quem passava; ou então, como eles faziam, identificar pela grande máscara de vidro que usavam. Eu não sei se, de fato, era vidro ou acrílico ou algum outro material. Só sei que, do jeito que viviam, não seria possível identificar, ao certo, quem realmente eram. O curioso era que alguns orifícios eram abertos para que houvesse algum contato. Era possível tocar durante algum tempo pelas aberturas que comandavam; mas, logo depois, os orifícios se fechavam novamente. Pude presenciar um beijo. Os dois se aproximaram. Abriram um espaço pequeno da cabine, beijaram-se e, em seguida, fecharam a cabine outra vez. Quanta diferença dos abraços da estação!

Abraços, eu não vi nenhum. Talvez tivessem algum espaço reservado para esse tipo de encontro.

Dona Porca me dava sermão novamente: "Por que não diz logo o que pensa de mim? Dissimulado!". Imagine uma porca me chamando de dissimulado. Como assim, dissimulado? É evidente que não se pode dizer tudo o que se pensa.

— O problema é pensar essas coisas.
— Onde eu estava?
— Aqui.
— E a estação das redomas?
— Redomas?
— Sim. Você não estava comigo? Será que eu estava sonhando? Não. Acho que saí e, depois, dormi. E, de novo, a Dona Porca me dizendo que sou dissimulado. Ora, dissimulado, eu?
— Não é?
— Você não me conhece para dizer isso, rapaz.
— Eu não disse.
— Eu vivo em um mundo em que as pessoas não podem demonstrar os seus sentimentos. É como se fosse uma guerra, entende?
— Não.
— Uma guerra em que os guerreiros usam armadura e, assim, ficam protegidos. As armaduras são indevassáveis. Ninguém consegue atingi-las. Se, por acaso, alguém retira a armadura, é ferido, e o ferimento pode ser fatal. Ninguém pode viver sem as armaduras por causa da guerra. Você compreende agora?
— Não.
— Como não? Não estou sendo claro?
— Não era melhor acabar com a guerra, então?
— Acabar com a guerra?
— É. As armaduras devem ser desconfortáveis, penso eu. E depois ninguém se reconhece, não é assim?
— Mas acabar com a guerra não é tão simples, menino.

— O simples é usar armadura?

— Armaduras, máscaras, alguma coisa tem de ser usada.

— Por quê?

— Porque sempre foi assim. Sempre teve gente competindo com gente. Sempre teve gente destruindo gente. Sempre. Sempre. Sempre. Você entende?

— Não.

— Como não entende? Sempre teve gente arrasando gente.

— Então, as armaduras não funcionam?

— Não é isso.

— O que é?

— Vou te dar um exemplo. Imagine se eu dissesse à minha mulher tudo o que penso sobre ela. Naturalmente, ela ficaria ofendida. E guardaria rancor. Passaríamos anos nos tratando friamente. Quer dizer, mais friamente do que hoje. Há palavras que são muito fortes para serem ditas. Há conceitos que temos e devemos guardar.

— Conceitos?

— Sim. Imagine que o meu conceito sobre você é ruim. É melhor guardar para mim.

— Por que seria ruim?

— Sei lá. Porque não te conheço bem.

— Um "pré-conceito"?

— Que seja.

— Mas não é melhor não ter um "pré-conceito"?

— É, mas estamos em guerra.

— Guerra?

— Guerra, sim, menino. Você não sabe nada da vida. Guerra. As pessoas são falsas, mesquinhas. São monstros. Vivemos entre monstros. É uma guerra em que os interesses falam muito forte. Cada um pensa em si mesmo. É como se vivêssemos em redomas. É parecido com essa estação. Acho que estou um pouco confuso.

— Eu entendo. O que não entendo é por que não fazemos alguma coisa para mudar. Por que nos acostumamos com o que não nos faz bem?

— Ah, menino! Como eu gostaria de acreditar que haverá um dia em que os interesses serão maiores pela essência do que pela aparência! Um dia em que os nossos sentimentos poderão ser convidados a conviver, sem disfarces, com os nossos outros convidados. Como eu gostaria de acreditar que haverá um dia em que a palavra essencial será o respeito! Isso mesmo, o respeito. O outro não será apenas uma necessidade transitória. O outro não será descartável. Nada de redomas, menino! Mas não sei se ainda consigo acreditar nessas coisas.

— Na sua infância, você acreditava?

— Eu acreditava, sim. Muitas vezes eu quis entrar no trem e partir. Eu tinha a certeza de que, longe, em algum lugar, essas coisas seriam lindas.

— E você partiu?

— Um dia, eu parti e cheguei longe. E mais longe. E mais longe ainda.

— E encontrou?

— Não.

— Ainda não.

— Eu queria ser de novo um menino e acreditar que esse lugar lindo, de fato, existe.

11

Quanta angústia ver a Dona Gata me operando! Era isso mesmo! Eu estava deitado, e a Dona Gata estava mexendo e remexendo nos meus órgãos. Eu tenho pavor de ver sangue. E as mãos da bichana estavam ensanguentadas. Minha barriga aberta. Ela olhava qualquer coisa e devolvia ao lugar. Não consigo entender o significado disso. De repente, ouvia a voz do Senhor Cachorro: "Já achou?". "Achou o quê?", eu me perguntei. O que será que estava escondido dentro de mim?

— Venha. Vou te contar sobre outra estação.
— Eu estou aberto?
— Aberto?
— Que sonho horrível!
— Sonho horrível?
— É. Sabe a Dona Gata? A do sonho? Bem, deixa para lá.

E o pequeno filósofo começou a descrever esta nova estação.

— Há vários grupos de pessoas divididas por linhas imaginárias. Há um grupo de gordos baixos, há outro grupo de gordos altos. Há um grupo de magros baixos e outro de magros altos.

Eles não se comunicam. Andam em círculos apenas no território demarcado. Apesar de os círculos estarem próximos, não há quem ultrapasse os limites. Consegue imaginar?

— Sim. São quatro grupos.

— Exatamente. Quatro. Como quatro são os primeiros elementos: terra, água, ar e fogo.

— Mas esses elementos se misturam.

— Sim.

— E os grupos não?

— Exatamente isso. E há outro detalhe.

— Que detalhe?

— Em todos os círculos, há uma máquina. Tente visualizar. Uma gigantesca máquina. Eles entram na máquina tristes e saem satisfeitos. São parcialmente refeitos pela máquina.

— Como se voltassem a ser jovens?

— Pelo menos em aparência. É isso mesmo. Só que pouco tempo depois, antes mesmo de completar o círculo, voltam a ficar tristes e precisam novamente da máquina.

— Como se fosse uma droga?

— Talvez.

— Eles são viciados na máquina?

— Viciados ou acostumados, não sei. Só sei que, em todos os grupos, acontece mais ou menos o mesmo procedimento. A vida se resume a andar em círculo, voltando sempre para o mesmo lugar e alterando momentos de euforia e tristeza.

— Horrível.

— Horrível?

— Essas divisões. Essas pessoas sempre iguais. Essas máquinas que tentam dar o que naturalmente todos têm.

— E o que naturalmente todos têm?

— É você quem sabe, menino.

— Todos sabem. Todos. É que têm preguiça de vasculhar onde realmente importa.

— Por que o mundo ficou assim?

— Assim como?

— Assim. Injusto. Covarde. Por que não há quem proteja os mais fracos?

— Você está falando dos passarinhos que você não quis proteger?

— Não. Também.

— Ninguém pode ultrapassar os limites.

— Estou falando do mundo real.

— Qual mundo real?

— Eu não sei. Você estava falando do mundo em que os gordos altos, os gordos baixos, os magros altos e os magros baixos não podem ultrapassar o círculo?

— Estava falando do mundo.

— Mas o mundo não é assim.

— Como é o mundo?

— Eu não sei. Quer dizer, eu sei.

— Então, conte.

— Essas estações que visitamos, elas não são o mundo. Me diga, eu estou morto?

— Não.

— E onde estão as pessoas que conheço? Para onde eu estou indo? Eu não me despedi de ninguém importante.

— Entendo.

— Entende o quê? Eu estou angustiado. Eu preciso de alguma resposta. Não aguento mais ficar vendo estações que não me dizem nada. Pessoas iguais em silêncio, pessoas barulhentas, máquinas programadoras, máquinas recuperadoras, espelho, lama, cabines... O que tudo isso significa?

— Você não sabe?
— Se soubesse, talvez tivesse vivido de outra forma.
— Nunca se sabe o suficiente, não é mesmo?
— Acho que nunca se sabe nada.
— Gostamos das receitas prontas, mas não é assim que é.
— Eu sempre segui o que me disseram. Só não fiz aquilo que não consegui.
— E o que você não conseguiu?
— Entender.
— Entender?
— Se cada um conseguisse entender o que tem de fazer no mundo, tudo seria mais simples.
— Simples?
— Corremos atrás do nada e o nada não nos dá trégua.
— E por que, então, corremos?
— Porque os que vieram antes também correram. E talvez corram os que virão depois.
— E o que mais?
— E novas máquinas serão criadas. E cada vez mais os sentimentos ficarão trancados em algum lugar.

O trem parou.

— Venha! — disse-me o menino.

Fui sem nada dizer. Era uma estação toda limpa, impecavelmente brilhante. E cheia de cofres. Os cofres eram numerados. Eram tantos que se perdiam de vista. E pessoas iam e vinham. Abriam e colocavam alguma coisa que eu não conseguia identificar. E outros abriam e tiravam. O interessante é que chegavam sem nada nas mãos e saíam sem nada nas mãos. Mas alguma coisa eles colocavam ou tiravam. Aproximamo-nos um pouco mais. Eu podia ver crianças, inclusive, fazendo a mesma coisa, só que acompanhadas por adultos.

Não sei se eram os seus pais. Abriam e fechavam os cofres. Era esse o movimento mais frequente desta estação. Eu não conseguia entender nada. Quis me aproximar um pouco mais. Olhei para o menino. Ele estava parado e apenas observando. Caminhei um pouco e o perdi de vista. Estava fascinado com aqueles cofres. Que tipo de tesouro que tiram e põem o tempo todo e que não sou capaz de ver? Cheguei mais perto e comecei a observar melhor as pessoas. De fato, elas não carregavam nada até o cofre e voltavam sem carregar nada. O que faziam, então? O menino passou por mim e, como que me guiando, chegou bem perto de um cofre. Um menino com um adulto, com as próprias mãos, tirou seu coração e colocou no cofre. Trancou e os dois saíram. Outro chegou, abriu outro cofre, pegou o coração, colocou e saiu. E assim sucessivamente. As pessoas ou tiravam o coração para trancar no cofre, ou pegavam o coração do cofre para colocar em si mesmas. Os adultos ensinavam as crianças. Comecei a reparar nas expressões. Saíam diferentes quando estavam com o coração. Mas, depois, voltavam e trancavam. Lembrei-me das armaduras. Da pergunta do menino: "Não é melhor acabar com a guerra do que usar armaduras?". Trancar o coração? Negar os sentimentos?

"Você está bem?", era Dona Gata e, agora, com o rosto da minha mãe. Mas eu conheci tão pouco a minha mãe. Ela buscava alguma coisa dentro de mim. E a Dona Porca ralhava com ela, como se fosse desnecessário procurar qualquer coisa em mim. Os passarinhos olhavam com esperança. Cantavam baixinho. E, novamente, voltaram a ser os meus filhos e a minha mulher. A canção era bonita e a expressão dos olhares era terna. O Senhor Cachorro resmungava qualquer coisa, mas era Dona Porca quem mais me incomodava.

"Você está bem?", Dona Gata, novamente.

12

Onde estaria minha mãe? Nunca soube o que era colo de mãe, tampouco tive os cuidados maternos. Não por sua culpa. Ela não convidou a doença nem decidiu partir. Foi o seu destino. Bem, não acredito em destino. Destino não combina com liberdade. Eu acredito em liberdade. Senão, seríamos robôs, apenas robôs programados para fazer uma coisa ou outra. Nós escolhemos a nossa história. E, quando não escolhemos, somos os responsáveis pela não escolha. Apenas nós. O resto é desculpa de quem permitiu que o desejo fosse mais forte do que a escolha e que, na estação, o destino das paradas fosse aleatório. E não é assim que é.

Fui colocado no mundo como um animal que se desprende da mãe e, rapidamente, vai oceano adentro. Sozinho. Sozinho, não. Mal-acompanhado. Meu irmão tentou roubar de mim os meus sentimentos. Será que, por isso, tranquei meu coração? Não. Não tranquei meu coração. Apenas tive de ser forte para resistir. Minha história não tem nada de extraordinário. É comum como tantas outras. Filhos órfãos, pais ausentes, irmãos insensíveis. Não dependeu de mim. Eu não

o pequeno **filósofo**

tive escolhas. Claro que tive escolhas. Ser feliz é uma escolha. Não é preciso entrar em uma máquina para sair satisfeito. Não. Isso é loucura. A felicidade é muito mais digna do que a satisfação e o desejo. A satisfação vai embora e quer mais. O desejo não quer ser saciado, ou melhor, depois de saciado quer mais. A felicidade é diferente do desejo e da satisfação. Ela é contínua como o rio da minha infância. Sabe para onde vai e não para, porque não precisa parar.

Meu pensamento se misturava com o silêncio dos passarinhos. Parecia que a esperança da canção dava lugar à tristeza.

— Você tem de me explicar essas coisas.

— Você ainda não entendeu?

— Eu me sinto sujo.

— Falta de água?

— Eu não sei. Esses sonhos que se misturam.

— Você está falando dos seus filhos e de sua mulher?

— Não. Quer dizer, também. Eles também aparecem nos meus sonhos.

— E eles também sonham?

— Como eu vou saber?

— É só prestar atenção.

— E como faço para prestar atenção?

— Venha comigo!

O trem parou. Descemos. Era uma estação de crianças. Algumas chorando; outras, rindo. Algumas brincando; outras, comendo. Os adultos estavam por perto, mas eram praticamente imperceptíveis. Tudo parecia feito para que as crianças ocupassem o espaço central. E havia uma natureza linda que completava o cenário. E os sorrisos contracenavam com acontecimentos comuns, como o bater de asas de um beija-flor. Os animais pequenos desfilavam ao lado das crianças e recebiam carícias. As que choravam, logo depois, riam; e as que riam também choravam. Nem o choro nem o riso incomodavam. Diferentemente das outras estações, as crianças não eram iguais. Fui me aproximando e vi uma nascente de água. Como é limpa na sua origem!

— O que você disse?

— Eu não disse nada.

— A água é limpa na sua origem.

— Eu não disse isso. Eu pensei.

— Quem suja a água?

— Todo mundo.

— Todo mundo?

— Melhor dizendo, muita gente.

— Observe melhor esta estação.

E fiquei observando detalhes daquelas crianças. Comecei a perceber que algumas eram mais bonitas do que as outras e notei que meu vício de comparação era desnecessário. As crianças não estavam preocupadas com isso. Era como a água ainda nascendo. Limpa. Senti-me sujo. Pensei que poderia escolher algumas crianças para criar como se fossem meus filhos. Lembrei-me de que tinha filhos e não cuidava deles o necessário. Pensei na minha mãe.

— Menino, essas crianças ainda vão nascer. É isso?

— Não. Elas já nasceram.

— Quero dizer, essas crianças vão para o mundo?

Elas estão no mundo.

— E por que só há crianças aqui?

— Há também os adultos. Repare!

— Eu vi os adultos. Mas o que chama a atenção são as crianças.

— É que os adultos sabem respeitar o mundo delas.

— Essa água é a mesma da estação que estava cheia de lama? Essas crianças foram programadas na grande máquina que vimos na outra estação?

— A água, talvez, sim. As crianças, com certeza, não.

— E elas aprenderão a trancar o coração em algum cofre?

— Espero que não.

— E, se olharem no espelho, deixarão de brincar com as outras?

— Olhar no espelho não é necessariamente uma coisa ruim. Depende de quem olha. De como olha.

— Na estação do espelho, eu só vi espelho. Quer dizer, eu só vi a mim mesmo. Ou melhor, eu não me vi.

— Isso é um problema do espelho ou seu?

Tive a sensação de que esta era a última estação. Não sei por quê. Talvez porque fosse a mais natural. Seria isso? Por que a mais natural? Eu me via perguntando e respondendo a mim mesmo. Por que a água não continuava limpa? Por que as crianças mudavam tanto? Nesta estação, os animais não me pareciam violentos. Nem o clima.

O interessante era que esta estação era a mais parecida com o meu mundo. Havia, certamente, uma diferença. No meu mundo, as crianças eram incomodadas o tempo todo e talvez por isso começassem, desde cedo, a cometer os mesmos erros dos adultos. Mas, por outro lado, sem os adultos, as crianças não são capazes de sobreviver. Os adultos têm as crianças e as educam, ensinando-as a se defender dos adultos. Não é contraditório?

— O quê?

— Por que os adultos não ensinam o que é correto?

— Talvez porque não saibam o que é correto.

— As crianças vão desperdiçando o que de mais bonito têm para se transformarem em pequenos adultos. A criança é linda. O adulto é feio.

— Não entendi.

— Não entendeu o que, menino?

— O adulto é feito da criança. Se a criança é linda, o adulto não pode ser feio.

— Mas é.

— Eu discordo de você. O adulto é tão lindo quanto a criança.

— Você diz isso porque é apenas um menino. Você diz isso porque não conheceu o meu pai, por exemplo.

— Como sabe que não conheci?

— Conheceu?

Era estranha a sensação, mas comecei a perceber que eu tinha algum vínculo com o menino. Ele era muito familiar. Havia alguma coisa que me garantia que não estávamos juntos apenas nesta viagem. Tentei me lembrar do passado. Não. Nossas idades eram diferentes. A não ser que ele fosse mais velho do que aparentava. Não. Era um menino. Claro. Era um anjo. Eu já havia pensado nisso. Era um anjo que chegou para me ensinar o que eu já sabia. Era um anjo para me ensinar a ver a nascente. Era isso. Exatamente isso. A água, suja ou limpa, era sempre água. Eu estava enganado. O adulto não podia ser feio se a criança era linda. Mas alguma coisa acontecia depois. O ódio não podia ser convidado para um banquete tão especial. Mas eu mesmo sentia ódio do meu pai e do meu irmão, e eu era uma criança. Então, a criança também odeia? Não. Não poderia ser assim. Eu gostava dos abraços e eles me negavam isso. Não era ódio. Era ausência de abraços.

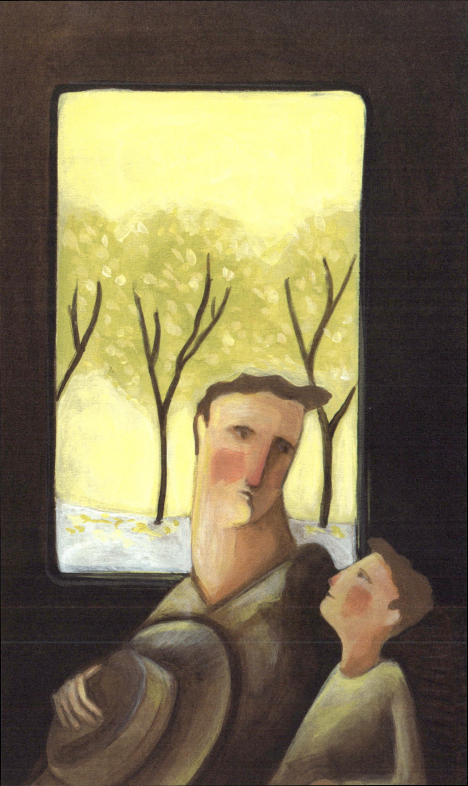

— Se eu fosse um rei, no meu reino, jamais um abraço seria recusado.

— Oh, menino! Como os abraços fazem falta!

Não sei por que comecei a chorar compulsivamente, e aquele menino me abraçou. O trem fazia barulho, e a minha infância vinha com ele. Eram anos e anos que se acalmavam naquele abraço. Com os olhos fechados, fui sentindo o menino crescendo. E dormi e sonhei. O sonho, desta vez, foi com a minha infância. Apenas isso. E, desta vez, diferente. Um abraço muda muita coisa.

Acordei.

13

— Você vai embora, menino?

— Por quê?

— Não sei, tive essa sensação.

— Quer me dizer alguma coisa?

— Há tanta coisa que eu gostaria de entender.

— Eu sei.

— Como eu faço?

— Preste um pouco mais de atenção.

— Lá vem você de novo.

Uma mulher simpática entrou e nos disse alguma coisa e brincou comigo. E eu reparei, e ele viu que eu, desta vez, havia reparado. Eu sei que não seria sempre assim. Mas, desta vez, eu reparei. Pela janela, eu vi o sol se pondo e me lembrei do sino da igreja da minha cidade. As badaladas não eram de luto. Eu estava vivo.

— Eu gostaria que você não fosse embora.

— Por quê?

— Porque eu gosto de ficar com você.

— Obrigado.
— Nós descemos nesta estação ou você me contou histórias?
— O que você acha?
— Foi tudo tão confuso e, ao mesmo tempo, tão claro.
— Que bom!
— Eu sonhei com os animais ou você me contou?
— O que você acha?
— Você não pode responder nada. É isso?
— Você não sabe?
— O quê?
— O que está me perguntando.
— É que você parece saber mais do que eu.
— Por quê?
— Talvez porque você transmita paz, equilíbrio. Talvez porque eu tenha gostado de você. Aliás, eu gostei gratuitamente. Eu não sei nada a seu respeito. Onde estão os seus pais? Quer dizer, diga a verdade, você é um menino ou um anjo?
— Dizer a verdade? Eu por acaso menti para você?
— Não. Certamente, não.
— Então?
— Diga, por favor, você é um menino ou um anjo?
— O que você acha?
— Um menino-anjo?
— Então, está bem.
— Ou talvez um pequeno filósofo.

E me coloquei a rir. Senti tanta afeição por aquele menino! Os olhos dele eram tão expressivos! É estranho, mas eu não consigo me lembrar de detalhes da roupa, dos sapatos. Nada. Apenas dele. Fazendo-me perguntas e me respondendo quase nada. Só não queria que ele fosse embora. Claro que ele me respondia.

Do seu jeito. Sem invadir o meu templo sagrado. Sem destruir a minha intimidade. Ele era a minha intimidade. A minha consciência dizendo que seria sempre um menino com esperança. O rio. A felicidade que não termina nunca.

— Não vá embora!

— Pode ser.

— Você vai para onde?

E, na ausência de resposta, decidi ir com ele.

— Eu estou pronto para ir com você. Qual é a próxima estação?

— Você vai ver.

— Mas estaremos juntos, não é?

— Sempre juntos.

— Então, você não vai embora?

— Depende.

— Se depender de mim, você pode morar comigo.

— Está bem.

— Tudo bem?

— Ahn?

— O efeito da anestesia já está passando. Tudo bem?

— Tudo bem.

A proximidade da morte faz com que algumas sensações ganhem outro significado. Não sei quanto tempo terei ainda nem sei explicar a experiência que vivi.

— Esta noite vou dançar com a minha mulher.

— Esta noite o senhor terá de dormir aqui mesmo, neste hospital.

— Amanhã, então, eu vou dançar com minha mulher.

— Vocês dançam sempre? — pergunta o médico.

— Não. É que eu não sabia que era tão bom. O senhor viu a minha mulher?

— Vi. Eu já vou sair para dar notícias.

— Ela é linda, não é?

— Ela é uma mulher de sorte por ter um marido romântico como o senhor.

— Eu me sinto um menino. Ou melhor. Eu sou um menino.

Depois da dança, virá uma viagem. Exatamente. Amanhã, nós vamos viajar. Vamos visitar meu pai. Os meus filhos, certamente, estão ansiosos. Não conhecem o avô. Darei um abraço apertado nele. Sem pressa. Um abraço é capaz de recuperar muita coisa. E meus filhos verão que eu não vivo de lamentações. Três gerações. Meu pai, meus filhos e eu. Abraçados na antiga cidade, perto da estação e perto do rio. Os trens vão e vêm. O rio vai. Decidido. Não é difícil abrir o cofre e pegar de volta o coração. E, depois, é mais prudente jogar fora o cofre. Não há nada de valor que se possa guardar nele. Pena que demorei para compreender isso. Mas acho que compreendi. No nosso carro, cabem cinco pessoas. Somos quatro, mas estou certo de que o pequeno filósofo irá conosco. Ah, tem também o Duque, o meu cachorro. Ele não usa óculos nem tem a cara do meu pai. Eu acho.